皮影戏

神秘的游学计划　去陕西华县学皮影戏
皮影戏表演　体验《西游记》

粤剧

广东大戏　《武松打虎》
六柱制　小不点唱大戏

木偶戏

南派布袋戏　各式各样的木偶
木偶戏的基本功　大英雄

昆曲

欣赏昆曲名剧　模仿秀
艺与功　彩绘脸谱

傩戏

酬神还愿戏　《捉黄鬼》
驱逐邪恶　傩戏面具

京剧

国粹代表　四大名旦
四大行当　京剧乐器

我们的非物质文化遗产 传统戏剧

邵凤丽 / 著

沈景文 桃金娘 / 绘

机械工业出版社
CHINA MACHINE PRESS

图书在版编目（CIP）数据

我们的非物质文化遗产. 传统戏剧 / 邵凤丽著；沈景文，桃金娘绘.
— 北京：机械工业出版社，2019.9（2022.7重印）
（手绘中国民俗）
ISBN 978-7-111-62647-3

Ⅰ.①我… Ⅱ.①邵…②沈…③桃… Ⅲ.①非物质文化遗产 – 中国 – 少儿读物 ②戏剧 – 介绍 – 中国 Ⅳ.①G127.52-49 ②J82

中国版本图书馆CIP数据核字（2019）第083814号

机械工业出版社（北京市百万庄大街22号 邮政编码100037）
策划编辑：谢欣新 李妮娜 责任编辑：李妮娜 刘 岚
责任校对：刘志文   责任印制：常天培
北京宝隆世纪印刷有限公司印刷

2022年7月第1版·第3次印刷　285mm×210mm·2.5印张·2插页·20千字
标准书号：ISBN 978-7-111-62647-3
定价：42.00元

电话服务　　　　　　网络服务
客服电话：010-88361066　机　工　官　网：www.cmpbook.com
　　　　　010-88379833　机　工　官　博：weibo.com/cmp1952
　　　　　010-68326294　金　书　网：www.golden-book.com
封底无防伪标均为盗版　机工教育服务网：www.cmpedu.com

前言

在暑期游学班，月月、亮亮和小朋友们一起学陕西的皮影戏，广东的粤剧，福建的木偶戏，江苏的昆曲，河北的傩戏，还有北京的京剧，他们表演得有模有样。游学班让孩子们在活动中领略了不同地域的独特文化、民俗风情，增强孩子们对传统戏剧的喜爱。接下来，就让我们一起来看看这次妙趣横生的游学活动吧！

皮影戏

神秘的游学计划

美妙的假期开始了。爸爸妈妈给月月和亮亮报了暑期游学班。亮亮问:"妈妈,什么是游学班,是学习游泳吗?"妈妈一听,笑了,"你的想法太有创意了,不过,这次的游学班不在游泳馆。你们收拾好行李,早点睡觉,游学的目的地要一步步才可以揭晓哦。"

去陕西华县学皮影戏

在去火车站的路上,爸爸告诉月月和亮亮,他们要去学皮影戏。"皮影戏一定很好玩。"亮亮兴奋极了。在火车站,月月、亮亮看到七八个和自己同龄的小朋友,原来他们也报了游学班,要一起去陕西华县学皮影戏。

皮影戏表演

　　皮影在没有上台以前就是皮影戏里的一个人偶道具,一上台它就有了自己的角色。表演时,艺人不是站在舞台上,而是站在幕后,一边用几根木杆操控皮影,一边演唱,再借助灯光将皮影映在半透明的幕布上,同时由伴奏的乐手一起配合表演。

2011年，中国皮影戏被联合国教科文组织列入人类非物质文化遗产代表作名录。

皮影戏对联

一口述说千古事，两手对舞百万兵。

皮影民谚

脚打锣，手打鼓，
口唱曲，头撞钟。

谜语

远看灯火照，近看像个庙，
里头人马喊，外边哈哈笑。
　　打一传统艺术——皮影戏。

诗歌

灯影

［唐］元稹

洛阳昼夜无车马，漫挂红纱满树头。
见说平时灯影里，玄宗潜伴太真游。

体验《西游记》

看完皮影戏，孩子们都跃跃欲试了。月月激动地拿起了神通广大的"孙悟空"，爸爸拿起了慈悲仁厚的"唐僧"，还有人拿起了憨厚懒惰的"猪八戒"……皮影艺人介绍："皮影戏从汉代到现在，有近两千年的历史，是'现代电影的始祖'，很有生命力，被誉为民间艺术的'活化石'。"

皮影小知识

　　中国皮影戏有很多流派，各具地方特色，但皮影的制作程序大多相同，通常要经过选皮、制皮、画稿、过稿、镂刻、敷彩、发汗熨平、缀结合成八道工序，真是一个复杂而奇妙的过程。

　　皮影制作过程中要使用很多种不同类型的雕刻刀，有斜口刀、平刀、圆刀、三角刀、花口刀等，讲究还真多呢！

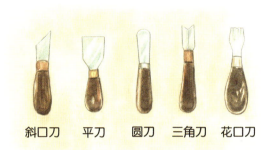

斜口刀　平刀　圆刀　三角刀　花口刀

制皮　　　　　画稿

敷彩　　　　　缀结合成

皮影戏是怎么来的呢？

　　相传汉武帝的爱妃李夫人去世了，汉武帝非常思念她。一个方士就用纸板做了李夫人的人形，再用灯光投影，汉武帝在远处一看，还以为是真的李夫人呢。

粤剧

广东大戏

孩子们来到了粤剧之乡——广东广州。

粤剧一开场，文武旦生粉墨登场。艺人们的妆容简直太神奇了，红、黑、白、蓝、黄各不相同。红色代表血性忠勇，黑色代表刚耿忠直，白色代表奸恶阴险，蓝色代表狂妄凶猛，黄色代表剽悍干练。

诗歌

汾江竹枝词

［清］梁序镛

梨园歌舞赛繁华，一带红船泊晚沙。
但到年年天贶节，万人围住看琼花。

谜语

粤剧进京会演。

打一成语——南腔北调。

粤剧是我国南方一大戏剧剧种，又称大戏、广东大戏。
2009 年，粤剧被联合国教科文组织列入人类非物质文化遗产代表作名录。

「武松打虎」

表演艺人在舞台上闪转翻腾，身怀绝技。亮亮问老师："这是什么武功？"老师笑着说："这表演的是《武松打虎》。你看，那个武生表演时徒手搏击，翻腾跌扑，这就是典型的南派粤剧武打艺术的特点。"

六柱制

演出结束后,月月指着一位艺人说:"这个姐姐真漂亮。"老师解释道:"那个姐姐扮演的是正印花旦。粤剧里面有正印花旦、二帮花旦、文武生、小生、丑生、武生六种角色,称为'六柱制'。"

小不点唱大戏

"咚咚咚呛",大戏开演啦!只见几个身穿旗袍的小演员上台表演,台步、云手、唱腔、神韵都非常到位。不一会儿,游学班的小不点也有模有样地在舞台上走、唱、摆,各个神气十足,演出精彩无比。

粤韵操

小朋友们，让我们动动手、动动脚，一起来练习集柔美、力量、活泼于一体的粤韵操吧！

1. 伸展运动

   左脚放于右脚后方，左手兰花指向上，右手兰花指向下；右脚放于左脚后方，右手兰花指向上，左手兰花指向下。重复四次。

2. 腰腿运动

   双手平伸，左脚跨出，从左向右摇摆腰部；双手平伸，右脚跨出，从右向左摇摆腰部。重复四次。

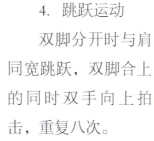

3. 南拳运动

   双脚分立，双膝微曲，与肩同宽。双手握拳，放于腰间。左手出拳，右手不动；右手出拳，左手收回，放于腰间。重复四次。

4. 跳跃运动

   双脚分开时与肩同宽跳跃，双脚合上的同时双手向上拍击，重复八次。

5. 舒缓收势

   双手臂先侧平举、手心向下，手臂慢慢放下，双脚立正。

木偶戏

南派布袋戏

　　孩子们来到了布袋木偶之乡——福建晋江。

　　木偶剧场真是个神奇的地方，唢呐声、三弦声、洞箫声，还有琵琶声，接连响起，布袋木偶纷纷登场，它们体态玲珑，动作滑稽，再配上艺人悦耳动听的演唱，孩子们都被吸引了。

木偶戏是用木偶来表演故事的一种传统戏剧形式，古时又称傀儡戏。表演时，演员一边操纵木偶，一边配乐演唱。

2006年，木偶戏被列入第一批国家级非物质文化遗产代表性项目名录。

诗歌

咏傀儡

[宋] 杨亿

鲍老当筵笑郭郎，笑他舞袖太郎当。
若教鲍老当筵舞，转更郎当舞袖长。

木偶童谣

锣鼓敲，咚锵锵。
木偶戏，演起来。
小木偶，真神奇。
头摇摇，手摆摆。
立起来，跳出去。
小木偶，真可爱。
化成雨，变成风。
上了天，入了地。
小木偶，真霸气。

各式各样的木偶

布袋木偶

杖头木偶

提线木偶

在木偶博物馆,老师给大家介绍:"中国有很多种木偶,你们在木偶剧场看到的是布袋木偶,又叫掌中宝,另外还有提线木偶、杖头木偶等很多种。一个制作精良的木偶,不仅能眨眼动嘴,还能舞刀弄枪、摸爬滚打呢。"

木偶戏的基本功

　　老艺人讲述，学习木偶戏很辛苦，如果学杖头木偶戏，要苦练举、捻、抖三项基本功。举是锻炼托举木偶的稳定性和耐力。捻是练如何灵活操纵木偶的两根手签，让木偶活动自如。抖是指木偶的走法，不同的人物形象的走法各不相同。

大英雄

诸葛亮　穆桂英　孙悟空

　　老艺人带着大家观赏各种制作精美的木偶人物,他指着一个手拿羽毛扇的人说:"诸葛亮是极其聪明的人,上知天文,下懂地理,还能'草船借箭'呢。"接着他又拿起神通广大的"孙悟空",给大家讲解妙趣横生的西游故事。最后,他拿起一个威风凛凛的女将军说:"这位巾帼英雄叫穆桂英,她是杨门女将,文武双全,能征惯战,不仅能挂帅出征,还能大破天门阵,是不是很酷呀?"

制作提线小木偶

准备材料：卫生纸卷筒、塑料瓶盖、纸盒、绳子、细线、雪糕棍、剪刀、颜料、颜料刷及胶棒等。

1. 将纸筒和瓶盖涂成橘黄色，用来制作小狐狸的身体和脚。

2. 用纸盒剪出小狐狸的头和尾巴，涂上颜色，粘贴在纸筒上。

3. 在纸筒中间两侧开两个洞，穿上绳子，做狐狸的手臂。

4. 在纸筒下方和瓶盖上打洞，用绳子将瓶盖连接到纸筒上，做小狐狸的两只脚。

5. 用细线把雪糕棍连接到小狐狸的脚上，雪糕棍中间用细线连接在纸筒上方。

6. 最后，将雪糕棍与小狐狸的手臂连接。这样，一个活泼可爱的小狐狸木偶就完成了。

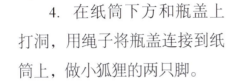

发挥想象力，你一定能制作出更有趣的小木偶！

昆曲

欣赏昆曲名剧

　　孩子们来到了昆曲之乡——江苏南京。

　　在"六朝古都"南京,小朋友们欣赏了精美绝伦的昆曲剧目《牡丹亭》《长生殿》《桃花扇》等古代戏曲中的名作。小朋友们看得神采飞扬、激动万分,剧场里不断传出热烈的掌声。

昆曲又名昆腔、昆山腔、昆剧，发源于十四五世纪的苏州昆山曲唱艺术体系，糅合了唱念做打、舞蹈及武术的表演艺术，被尊为"百戏之祖"。

昆曲有四功五法。四功是指唱、念、做、打四种表演基本功。五法是指手、眼、身、法、步五种技艺方法。

2001年，昆曲被联合国教科文组织列入第一批人类口头和非物质文化遗产代表作名录。

古典四大名剧

［元］王实甫《西厢记》

［明］汤显祖《牡丹亭》

［清］洪昇《长生殿》

［清］孔尚任《桃花扇》

儿歌

拉大锯，扯大锯

拉大锯，扯大锯，
姥姥家，唱大戏，
接闺女，请女婿，
小外孙子也要去。
今搭棚，明挂彩，
羊肉包子往上摆，
不吃不吃吃二百。

模仿秀

月月学着正旦姐姐，挥舞着长长的水袖翩翩起舞，翘着纤细的兰花指，迈着优雅的小碎步，边唱边走，在昆曲梦幻般的世界里感受传统艺术之美。

艺与功

正旦姐姐挥舞着她的水袖说:"学习昆曲不仅要学如何唱戏,还要练功呢。学戏不学功,到头一场空。学功不学艺,身上没了戏。"月月心领神会地说:"这就是人们说的台上一分钟,台下十年功。"正旦姐姐笑盈盈地回答:"你要想把水袖舞好,一定要勤加练习呀!"

彩绘脸谱

亮亮仰着头,一会儿去看看武生,一会儿又去看小丑,一脸的困惑。老师便把他们带到化妆间门外介绍说:"孩子们,这个会变魔术的地方就是后台,那些精美的脸谱就是在这里一点一点勾画出来的。"

画脸谱妆

准备物品：腮红、口红、黑色眉笔、黑色眼线笔、粉底、卸妆水等。

1. 将脸洗干净。

2. 在脸上涂上粉底，轻轻涂抹均匀。

3. 女孩用腮红将眉眼处涂红，男孩还要在额头上涂上红色，呈三角状。

4. 用眉笔画眉毛。女孩的眉毛要细又弯，男孩的眉毛要粗又直，用眼线笔画眼睛周围，眼角处向上提起。

5. 用口红将嘴唇涂匀。

6. 戴上勒头和假发。

傩戏

酬神还愿戏

在火车上，领队老师拿着一个牌子给孩子们介绍接下来的活动——看傩戏。小朋友们迫不及待地交流起来，老师"嘘"了一声，孩子们便坐好。老师继续讲："以前人们认为傩戏都在南方，北方没有傩戏，后来在河北武安发现了，我们现在就去那里看傩戏。"孩子们一下子欢呼雀跃起来。

方相氏驱鬼

相传方相氏是驱鬼高手，能为大家驱鬼，还能在送葬的时候打路上的鬼。方相氏打鬼的时候，头戴面具，身穿黑色衣服，外套熊皮、红色裙子，手里拿着戈和盾，一边跳舞，一边唱戏。

傩戏，又叫傩堂戏、端公戏，是在民间祭祀仪式基础上吸取民间戏曲而形成的一种戏曲形式，广泛流传于安徽、江西、贵州、云南、湖北、河北等地。

傩戏表演时多戴着面具，面具有整脸和半脸两种，通常是由樟木、丁香木、白杨木制作而成。

2006年，傩戏被列入第一批国家级非物质文化遗产代表性项目名录。

《捉黄鬼》

老师带着小朋友们来到一个村子里。突然,锣鼓喧天鞭炮响,走在队伍前面的是两个扎着靠旗、身穿铠甲、威风凛凛的黑、白探路,后面跟着阎罗王、判官、大鬼、小鬼,还有被他们捉拿的黄鬼。整个队伍浩浩荡荡,气势庞大。

驱逐邪恶

　　黄鬼和其他鬼不一样,他是邪恶的象征,是个大坏蛋。村子里有洪水、瘟疫、天灾、人祸,都是这个黄鬼在作祟。人们为了保护自己,每年都要举行热热闹闹的"捉黄鬼"仪式,这样才能把他赶走。

傩戏面具

亮亮不知从哪里得到了一个面具，眼睛、鼻子、嘴巴都特别大，眉毛又粗又长，还有一把大胡子，两颗獠牙又尖又长。"亮亮，这是什么呀？太吓人了！"月月吓得双手捂着眼睛说。"姐姐好胆小，我觉得这个很好玩。"亮亮拿着面具在月月面前欢蹦乱跳地说。

捏傩戏面具

傩戏面具既神秘又有趣,你想为自己做一个有趣的面具吗?快捏出来吧!

准备材料:各色彩泥、彩线、硬纸板、小刻刀、胶棒。

1. 在硬纸板上,用土色彩泥捏面具的脸,多余的部分用刻刀割掉。

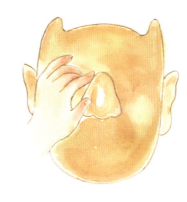

2. 用土色彩泥捏出大大的鼻子和耳朵。

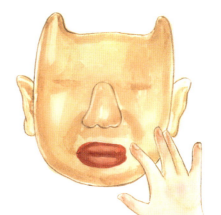

3. 用红色彩泥捏面具的嘴巴。

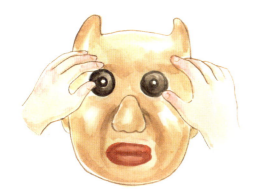

4. 用黑色彩泥捏出大大的、鼓鼓的眼睛。

5. 将彩线拧成麻花,粘在头上做头发。

6. 一个简单的面具就完成了。当然,面具还可以做出很多新的样式,你快试试吧!

京剧

国粹代表

明天就要回北京了,小朋友们有些恋恋不舍。

老师问大家:"你们知道中国的国粹是什么吗?""京剧!"一个小朋友大声回答。月月告诉亮亮:"京剧就是那个大花脸,爷爷最喜欢看了,一边唱一边喊,哇呀呀呀……"

"梨园"称号的由来

唐玄宗李隆基曾让艺人们在梨园演习歌舞戏曲，后来梨园就和戏曲艺术联系在一起。人们称戏班、剧团为"梨园"，称戏剧演员为"梨园子弟"，把几代人从事戏曲艺术的家庭称为"梨园世家"，把戏剧界称为"梨园界"。

京剧已有200多年的历史，是在徽戏和汉戏基础上，吸收了昆曲、秦腔等戏剧的优点和特长逐渐演变而来的戏曲剧种。京剧流播全国，影响非常大，有"国剧"之称，2010年被联合国教科文组织列入人类非物质文化遗产代表作名录。

谚语

三五步行遍天下，
七八人百万雄兵。

绕口令

八百标兵奔北坡，
炮兵并排北边跑，
炮兵怕把标兵碰，
标兵怕碰炮兵炮。

四大名旦

"这四个人是谁?"月月指着走廊墙上的老照片好奇地问。老师说:"他们就是'四大名旦',梅兰芳、尚小云、程砚秋和荀慧生,他们是京剧旦角四大派的创始人,在表演形式和唱腔上各具自己的特点。"

四大行当

京剧有"生、旦、净、丑"四大行当。杨四郎是老生,唱腔刚劲、醇厚;铁镜公主是正旦,深明大义、情深义重;包公、张飞是净角的大花脸,风格粗犷;蒋干、时迁是滑稽的丑角,一出场就能把人逗得哈哈大笑。

京剧乐器

京剧分文场和武场。文场的伴奏乐器主要有京胡、月琴、三弦等，为配合演唱者表演场景的需要进行伴奏。其中，京胡演奏行云流水，最难掌握。武场时，乐师会用打击乐器伴奏，鼓板（单皮鼓、板）、大锣、小锣，配合演员的身段动作、念白、舞蹈，起到节奏鲜明的作用，极富震撼力。

制作京剧脸谱

1. 用彩色铅笔在白纸上简单勾画出脸谱的轮廓和眉眼。

2. 用剪刀把脸谱剪下来。

准备材料：白纸 1 张、卡纸 1 张、彩纸若干张、彩色铅笔、颜料、剪刀、胶棒、简易相框。

3. 将脸谱粘贴在卡纸上。

4. 仔细勾画脸谱后涂色，画出头饰、头发、眉毛、眼睛和嘴巴。

5. 把彩纸揉成球，粘在脸谱头上做装饰。

6. 装上简易相框。

改造一下你的作品，秒变道具！将眼睛部分挖空，再将脸谱的两侧各挖一个小洞，穿上松紧带，一个可以佩戴的京剧脸谱就完成了。戴上你亲手制作的脸谱，再让爸爸妈妈给你播放一首《说唱脸谱》，演起来吧！

互动游戏

走迷宫

小朋友,你还记得月月和亮亮在游学班里都去了哪些地方体验传统戏剧吗?下面就让我们按顺序找一找吧。